大人が変われば、子どもは変わる。
大人の言葉と態度が変われば、
子どもは変わる。

子どもと向き合う立場にいる、
すべての大人たちへ。
子どもたちの本音から生まれた、
30のルールを贈ります。

先生、そんな言い方しないでください！

子どもと向き合うための「30のルール」

おーつるりーこ & はっぱ隊ジュニア

はじめに

先生のいないところで、
子どもたちがどんなことを話しているのか？
先生のひと言で、
子どもたちがどんなことを感じているのか？
そんな、子どもたちの本音と実体験をもとに
30のルールをまとめました。

むしろ、今の学校教育の現場では、
自己中心的で理不尽なことばかり言ってくる親に対して

先生の方から要求したいマナーとルールがあることと思います。
コロコロと方針を変え、現場の負担をいっこうに改善できない国に対して
先生の方から要求したいルールがあることと思います。
しかし、あえて本書では、
そのあたりのことは、いったん棚上げにして、
先生に対して
「もう一度、生徒たちとの向き合い方を考えてみてくれませんか」と、
お願いをしています。

制度や法律が変わっても、
結局は、現場での日々の「会話」の積み重ねが
子どもたちの「今」と「未来」を左右していきます。

教えることのプロである先生たちに、
そして、子どもと向き合う、すべての大人たちに、
期待とエールをこめて。
生徒ひとりひとりの貴重な毎日を
どうぞよろしくお願いします。

おーつるりーこ

＆

はっぱ隊ジュニア

この5年間で話を聞いた小4〜高2の子どもたち

デザイン　木土ネコ

イラスト　マスリラ

目次 その1

- はじめに　004
- ルール1　いつもの授業は?　012
- ルール2　遅刻した生徒には?　014
- ルール3　前にいた学校の成績と?　016
- ルール4　叱るときは? ほめるときは?　018
- ルール5　質問に答えられないときは?　020
- ルール6　一部の生徒にウケるから?　022
- ルール7　自分のミスは?　024

| ルール **12** 相手によって言うことを？ | 034 | ルール **8** 成績がパッとしない生徒の意見は？ | 026 |

| ルール **13** 採点ミスを生徒が言ってきたら？ | 036 | ルール **9** 生徒どうしのトラブルは？ | 028 |

| ルール **14** 没収したものは？ | 038 | ルール **10** 授業中にキレても？ | 030 |

| ルール **15** 「いじめられてる」と訴えてくる生徒には？ | 040 | ルール **11** 生徒が用事を引き受けてくれたら？ | 032 |

目次 その2

| ルール 20 | 050 |
「上級生に目をつけられる」から？

| ルール 16 | 042 |
生徒の質問には？

| ルール 21 | 052 |
この問題は出来てあたりまえ？

| ルール 17 | 044 |
部活の試合で負けても？

| ルール 22 | 054 |
授業に遅れたら？

| ルール 18 | 046 |
生徒の呼び方には？

| ルール 23 | 056 |
なん人かにだけ？

| ルール 19 | 048 |
「おまえのせいで」？

ルール **24**　男子と女子で態度を？　058	ルール **28**　生徒の前で弱音を？　066
ルール **25**　保健室に行きたいという生徒を？　060	ルール **29**　なぜ勉強しなければいけないのか？　068
ルール **26**　「家の人に電話する」？　062	ルール **30**　生徒のためには？　070
ルール **27**　叱りにくい子にも？　064	**付録**　名作に学ぶ、先生のための日常会話集　073

012

ルール **1**

いつもの授業は？

いつもの授業を大切にして！

授業参観や研究授業と同じレベルの授業をお願いします

はい、プリントやってー

Report 01

中2女子 帰り道

ハナコ 「今日の佐藤センセ、はりきってたよね」

タエコ 「研究授業で、他の先生や親が観に来てたからじゃん！」

イチコ 「ていうか、あのネクタイ、笑えた！　似合わねー」

ハナコ 「今日はさ、食塩水の方程式のとこ、説明聞いてたら、けっこうわかっちゃったんだけど」

タエコ 「今日はちゃんと説明してたよね。いつもは、教科書読んで、問題やって答え合わせして、後はプリントやって、って、そんだけなのに」

ハナコ 「こないだなんか、うちらにプリントやらせてる間、他のクラスのテストの丸つけやってたし。今日みたいなちゃんとした授業、やればできるんだからさ、なんでいつもやんないのって話だよね」

イチコ 「もしかして、うちら、軽く見られてる？」

タエコ 「だよね、やっぱ」

ハナコ 「だよね、サイアク！」

ルール2 遅刻した生徒には?

遅刻した生徒には、まず「何かあったか?」と気づかって

いきなり頭ごなしに怒鳴られたら、その一瞬で、先生のこと嫌いになります

Report 02

中1男子　朝の正門前

　とある中学校、朝の正門、始業開始3分前。
生徒指導の先生が、登校してくる生徒ひとりひとりに
声をかけている。
「急げ！　走れ！」という先生の声に、
正門に駆け込んでくる数名の生徒。
　やがて始業のチャイムが鳴り、やや遅れて自転車を汗だく
で押しながらひとりの男子生徒が駆け込んできた。
「たるんでるぞ！　教室には入らせないからな。
職員室にこい！」
「そんなあ、だって自転車が……」
「言い訳するな！」
　生徒の目に涙が浮かぶ。入学して2ヵ月。
初めての自転車通学で緊張（きんちょう）が続く毎日。
今日は、途中でパンクしてしまった自転車を
一生懸命（けんめい）押して登校してきたのに……。
「これくらいで泣くな！」

　午後になってから、事情を聞いてくれた担任の先生が、
自転車屋さんに出張修理を頼んでくれた。やっと、
気持ちが救われたような気がした男子生徒だった。

ルール3 前にいた学校の成績と?

前にいた学校の成績と比べて、ぼくたちをけなさないで

ぼくたちのやる気を引き出すつもりなのですか？

おまえたちの平均点はなぁ…

バン

Report 03

中３男子　休み時間に廊下で

巧実	「知ってた？　オレたち、バカなんだって」
健	「は？　おまえはバカだけど、オレは違うって！」
巧実	「おまえもだよ！　オレたちの学年、市内の中学で学力最下位なんだってよ！　英語の山崎って、一中から来ただろ。オレたちの実力テストの平均点、毎回、一中よりかなり低いらしい」
健	「ふーん」
巧実	「そんでさ、山崎のヤツ、授業中そんなこと話しながら、途中からキレてきて、どうして平均が低いと思うか？って聞くんだよ。一中には、おまえたちみたいに、うわばきのかかとを踏んでる生徒はいなかった、とか、そんなことまで言い出して、うぜえ」
健	「どうしてバカなんだって聞かれても、そういうことは、去年までオレたちを教えた先生に言ってほしいよな。英語とか理科とか、まじ授業わかんなかったよな、声も小さいし、どんどん進むしさ。オレたちの学力の低さについての苦情は、今までの先生に言ってください！」
巧実	「そうそう、そうだよな！　おまえのクラス、次、英語だろ、それ、山崎に言えよ」
健	「言えるわけねーよ。じゃな」

叱るときは、向き合って小さな声で、ほめるときは、みんなに聞こえる大きな声で

恥ずかしい叱られ方は、ぼくらだってプライドが傷つくんです

ルール4 叱るときは？ ほめるときは？

Report 04

入社6年目の会社員男性
小学校時代の恩師への手紙

藤田先生

ご無沙汰していますが、お変わりありませんか？

卒業以来2回目の同窓会のご案内を同封しています。

お忙しい時期だとは思いますが、みんな先生にお会いするのを楽しみにしていますので、ぜひ、ご出席ください。

今年から、僕も新入社員を部下に持つ立場になりました。

僕が新人のころは、部内のみんなに聞こえるような大きな声で上司に怒鳴られ、すごく辛いこともあったので、

自分は、そんな上司になりたくないと思いつつ、

新人たちに接しています。

今思えば、先生は、僕たちを叱るときは、一対一で向き合って、小さいけど、熱のこもった声で叱ってくれました。

そして、よいことをしたときは、クラス全員の前で大きな声でほめてくれました。だからこそ、僕たちもだんだん落ち着いてきて、3学期には、校長先生から「まとまっていて、いいクラスだね」とほめられるようになったんだと思いますよ！ 職業は違いますが、僕は、先生みたいな上司を目指しています！

では、同窓会を楽しみにしています。

井上幹也

ルール5 質問に答えられないときは？

質問に答えられなかったら、いつ答えるか約束する

他(ほか)の話でごまかされると、がっかりします

次の授業までに調べてくるね〜

Report 05

中1　社会の授業中

先生　「このように、夏は、夜遅くまで太陽が沈まない白夜という現象が見られます」

生徒　「何時ごろまで沈まないんですか？」

先生　「えーっとねぇ、スウェーデンなどの国では、夏の間は、たしか夜8時か9時くらいまで明るいと思います」

生徒　「子どもも、夜になっても外で遊んでるんですか？」

先生　「う〜ん、どんなふうに暮らしているんだろうね。みんなも興味あるかな？　じゃあ、次の授業までに調べてくるので、ちょっと待っててくださいね」

次の授業で。

先生　「今日は、白夜の話からですね。スウェーデンの暮らしぶりがわかる写真や本を持ってきました。夏至の頃は、なんと夜の10時くらいまで太陽が沈まないそうです。前から回すので、写真を見ながら先生の話を聞いてください」

ルール6 一部の生徒にウケるから？

一部の生徒に
ウケるからって、
生徒をからかわないで

> 先生が得意気(とくいげ)になっている陰(かげ)で、泣いている生徒がいるかもしれません

Report 06

中2男子　担任との個人懇談(こんだん)で

担任	「何か困ってることや悩んでることはないか?」
生徒	「別にないですけど、あの……」
担任	「なんだ?　言ってみろ」
生徒	「最近、ヨーダっていうあだ名がついて、すごく嫌なんですけど」
担任	「ヨーダ?　古いな、スターウォーズか?」
生徒	「たぶん……」
担任	「誰が言ってるんだ?　島田たちか?」
生徒	「あ、いえ。あの、村上先生なんですけど。村上先生が、授業中に、突然、おまえ似てるって言い出して、それが島田くんたちにすごくウケて、みんなおもしろがって……」
担任	「嫌だったら、自分ではっきり言え。やめてくださいって」
生徒	「あ、でも、言いにくいです」
担任	「まあ、先生からも、それとなく村上先生に言っておくから」

ルール7

024

自分のミスは？

自分のミスは、素直に訂正する

ぼくたちが間違いを指摘しても逆ギレしないでね

Report 07

中2女子　昼休み

タエコ	「さっきの津田先生、すっごいムッとした顔してたよね？」
ハナコ	「ああ、タカヒロが、漢字が違ってますって言ったとき？」
タエコ	「うん。親切で言ってあげてんのにさ。別に、タカヒロもバカにして言ったとかじゃなくて、普通の言い方だったよね？」
イチコ	「最近、津田って、間違いとかミスとか多くね？」
タエコ	「多い多い！　そう言えば、1年のときの黒坂先生覚えてる？　間違いとか教えてあげたら、サンキュ！って言ってくれてたよね」
ハナコ	「そうそう。あと、ミキティって、みんなが呼んでた若い先生いたじゃん。自分が教えたことが少し違ってたからって、次の授業で謝って説明してくれたことなかった？　別に誰も気づいていなかったんだけどさ」
タエコ	「あったあった！　中田先生でしょ？　あの先生は教育実習中だから、特にていねいだったんじゃないの」
イチコ	「新人のころだけじゃん、カワイイのは」

成績がパッとしない
生徒の意見も聞いて

「どうせあいつは…」と、決めつけない

ルール**8**

026

成績がパッとしない生徒の意見は？

Report 08

中1男子　学活の時間

担任の先生と学級委員を中心に、宿泊学習についての話し合い。班別行動の内容などがほぼ決まったところで、ひとりの男子生徒が手を挙げる。

大木　「バスん中でも、なんかやったほうが楽しいと思うんですけど！　たとえば……」

担任　「大木、そういう話はいいから。じゃ、次はオリエンテーリングの係決め！」

そして休み時間。

友人　「大木、おまえ、さっき何を言おうとしてたんだよ？」

大木　「もういいよ、別に。あいつ、オレの話なんか聞いてくんないし」

友人　「言ってみろよ」

大木　「バスでさ、伝言ゲームとかしりとりとか、みんなでやったら楽しいかな〜って」

友人　「それ、いい！　委員の平野に言ってもらおうか」

そして帰りの会。

平野　「宿泊のことなんですけど、バスで、伝言ゲームとかしりとりとか、班別対抗でやるのはどうでしょう？」

担任　「なるほど。班のまとまりもできて、盛り上がりそうだな。委員さんで、話し合って決めておいてください」

ルール9　生徒どうしのトラブルは？

生徒どうしのトラブルは、必ず両方の言い分を聞く

まず、無口な生徒の方から話を聞いてあげよう

Report 09

小5女子の母
連絡帳に添えた手紙

山倉(やまくら)先生へ

いつもお世話になっております。

昨日は、娘とユリさんとのトラブルで、

たいへんお世話になりました。

ユリさんとのトラブルは3年の頃(ころ)から続いています。ふたりでいる分には仲よくできるようですが、他のお友だちが入ってくると、突然(とつぜん)、ユリさんが娘のことを無視するのだそうです。その繰り返しにたまりかねた娘がユリさんから離(はな)れると、すぐに彼女は、先生に言いつけていたようです。ユリさんは、大人に対してもきちんと自分の話を伝えることができるようなので、これまでの先生は、ユリさんの話だけで判断し、娘には「友だちを大切に」と注意されていたようです。娘には小さい頃から、本人の言い分を聞く前に、私が頭ごなしに注意するような叱り方をしてきました。そんな母親としての至(いた)らなさが、大人の前では口をつぐんでしまうという娘の性格の一因(いちいん)になったのでは、と反省しております。今日、先生に一対一でじっくりと自分の言い分を聞いてもらえたことで、本人も前向きに変わっていくきっかけをつかめたようです。ありがとうございました。

田淵玲美(たぶちれいみ)、母

授業中にキレても、教室を出て行かない

あとで冷静になったとき、きっと後悔すると思います

ルール10 授業中にキレても？

いいかげんにしろっ!!

Report 10

中1　音楽の授業

先生 「アルトリコーダー、忘れた人はいませんね？　練習してきましたね？」

生徒たち、顔を見合わせながら、小さな声でヒソヒソと。

「練習してこいって言われてたっけ？」「なんの曲？」「宿題だったの？」

先生 「耳はついてないのか？　聞こえないのか？」

生徒たち、静まりかえる。

先生 「なんだおまえたち、おれをバカにしてるのか！」

生徒たち、急な展開に、さらに固まってしまう。

先生 「いいかげんにしろっ！」

先生は、教壇の横にあったゴミ箱を蹴飛ばしながら教室を出て行く。

生徒たち、どうしていいかわからない。

「何に怒ったの？」「わかんない」「返事しなかったから？」

「どうする？」「呼びに行かないといけないんじゃないの？」

「どこに？」「謝りに行く？」「何を謝るの？」

結局そのまま授業時間はすぎていき、生徒たちが後味悪くすごした一週間がすぎ、次の音楽の授業は、何ごともなかったかのように始まった。

032

ルール 11

生徒が用事を引き受けてくれたら？

生徒が用事を引き受けてくれたら「ありがとう」くらい言おう

ありがとなー

【先生ドリル】
● 第一問
生徒はどう応えているでしょう？

そのひと言で、ぼくたちも「役に立ってる」と、やる気が出ます

Report 11

中3女子　昼休みの職員室

初老の先生が、近くにいた女子生徒に用事を頼んでいる。

原先生　「図書室の横山先生に、この本を渡して来てくれ」

生徒　「え？　わたしがですか？　今から部室に寄って教室に戻るんですけど」

原先生　「ついでに図書室も寄ってくれ」

生徒　「あ、でも反対方向だし予鈴鳴っちゃったし……」

生徒の言葉が終わらぬうちに本を無言で押しつける先生。

生徒　「わかりました」

と、言いつつ、本を手にしたまま立ち去ろうとしない

原先生　「どうした。早く行け」

生徒　「先生、何か忘れてませんか？」

原先生　「なんだ？」

生徒　「何か頼んでやってもらうときは、ありがとうって言えって、うちではお母さんに言われています」

まわりの先生の苦笑いの中、原先生がつぶやく。

「はいはい、ありがとう」

相手によって、言うことを変えない

相手が優等生でも落ちこぼれでも校長先生でも親でも…

ルール12 相手によって言うことを?

だめだ！
いいよ！
いちばん友だちになりたくないタイプだね…

Report 12

中1　美術の時間

先生　「連休中の宿題は、写真を撮ることです。これから制作する絵や版画のもとにするので、町の風景や建物の写真を撮ってきてください。さっき説明した遠近法をよく考えて、10枚プリントして提出するように」

渡辺　「使い捨てカメラにあと8枚くらい残ってるから、8枚でもいいですか？」

先生　「10枚って言っただろ。もうひとつ買ってもらえ」

次の日、美術準備室で。

藤村　「先生、母のカメラが、あとフィルム残り7枚なんですよ。宿題の写真、7枚でもいいですか？」

先生　「そうか。まあいいだろう。しっかり撮ってこいよ」

この話を聞いていた美術係の女子生徒、渡辺に教える。

渡辺　「まじで？　なんで藤村が7枚でよくて、おれが8枚じゃだめなわけ？　あー、もうやる気なくす！」

ルール13 採点ミスを生徒が言ってきたら?

採点ミスを生徒が言ってきたら、気持ちよく対応する

答案を見るより先に、疑う言葉はやめてください

Report 13

中3男子　休み時間

3時間目が終わった後の職員室。

生徒「先生、さっき返されたテスト、ここ、答え合ってると思うんですけど」

先生「ん？　どうして今頃持ってくるんだ？　伊藤や滝沢は、テストを返してすぐに教室で言いにきたぞ」

生徒「あ、いや、あの、予習の単語を調べてなくて、テスト返されてる間に調べてて答案よく見てなくて、そして授業が終わってからよく見たら……」

先生「言い訳はいいから。書き直したりはしてないよな？」

生徒「言い訳じゃなくて、説明です」

先生「おまえ、屁理屈だけは、一人前だな。次からは、テスト返してすぐじゃないと受けつけないからな」

生徒「はい、すみませんでした」

ぺこりと頭を下げ、職員室を出て、つぶやく生徒。

「くそっ、あんな大人にだけはなりたくねえ！」

ルール14

没収したものは？

没収したものは、いつどんな条件で返すか、言っておこう

学校に持ってきたぼくたちが悪いのですが、いちおう私物なので

Report 14

中1女子、中2男子　職員室で

中1女子　職員室で

生徒「先生、すみませんでした。さっきのマンガ、いつ返してもらえますか？」

先生「ルールを破って学校に持ってきたんだから、返してもらえるわけがないだろ？」

生徒「あの、私のじゃなくて友達に借りてるものなんです」

先生「誰のものだろうが、おまえが悪いんだからしょうがない。教室にもどれ」

中2男子　職員室で

生徒「さっきのコミックスのことなんですけど、今日、返してもらえますか？」

先生「それは考えが甘いな」

生徒「友だちのお兄さんが貸してくれたものなので」

先生「そうか。おまえが決まりを破って学校にマンガを持ってきたことで、人にも迷惑かけることになるんだぞ、わかるか」

生徒「はい、すいませんでした」

先生「今日は、自主学習の宿題、5ページやってこい。内容もきちんとできていたら、明日返すから」

生徒「わかりました。ありがとうございます！」

ルール 15

「いじめられてる」と訴えてくる生徒には?

「いじめられてる」と訴えてくる生徒がいたら、とにかく話を聞いてあげて

【先生ドリル】
● 第二問
生徒にどう応えますか?

先生も忙しいとは思うけど、3分間でもいいんです!

> いじめられているんです

> そうか…

Report 15

中2女子
スクールカウンセラーへの手紙

相談したいことは、友達のことと先生のことです。
2年生のクラスになってから、ふたりの友達が、
わたしのことを無視するようになりました。
ときどき、ひそひそ話をしながらわたしのほうを見ている
こともあります。
机の中に入れておいた筆箱が、
ゴミ箱に捨てられていたこともありました。
わたしには、原因がわかりません。
手紙を渡して聞いてみようと思いましたが、
勇気がありません。
個人懇談のときに担任の先生に話してみました。
でも先生は「おまえが、何か気にさわることをしたんだろう」
と言っただけでした。
だから、筆箱のことも先生には話していません。
もう先生は頼りにしてはいけないと思いました。
わたしは、どうすればいいですか？

ルール16

生徒の質問には、ささいなことでもきちんと答える

質問しやすい雰囲気づくりも、よろしくです！

Report 16

小6女子
家庭で、母との会話

生徒「ねえ、塾に行きたい。ななちゃんが行ってるとこ」
母親「どうしたの？ 急に」
生徒「だって算数わかんないんだもん」
母親「授業聞いててもわかんないの？ 今、何勉強してるんだっけ？」
生徒「割合。先生が、わからないところは質問してって言うから質問したのに」
母親「質問したのに？」
生徒「さっき、似たような問題やったでしょ、って言われた。あの先生、嫌い」
母親「嫌いとか言っちゃだめだよ」
生徒「だって嫌いだもん」
母親「それで、その問題はわかったの？」
生徒「休み時間に、ななちゃんが教えてくれた。ななちゃんと同じ塾に行きたい」
母親「そうねえ、じゃあ、ななちゃんのお母さんに聞いてみるから」

ルール 17 部活の試合で負けても？

部活の試合で負けても、生徒に感情をぶつけない

いちばん悔しいのは、ぼくたち生徒なんです

「"優勝チーム顧問"の称号が欲しかった…!!」

「どうして負けるんだ!?」

Report 17

中2女子　友だちへのメール

いろいろ話聞いてくれて、ありがと！　そしてごめんね。

今日、コヤマ先生に話してきたよ。
成績落ちて勉強と両立できないから辞めますって。
「どうぞどうぞ、100％部活に力を注げないヤツは、どうせ試合で使わないから」って言われた。
悔しくて涙出そうだった。ほんとは続けたかったよ。
みんなで県大会行きたかった。だけど、やっぱりだめだったよ。
最後はわたしのミスが続いて負けることが多くて、
そのたびに先生がキレて怒鳴るでしょ。
わたしの性格とか全部悪いみたいに怒鳴ることもあったよね。
もう我慢の限界だったよ。
ホントの理由は親には言ってなくて、
ジイジにだけ話したんだ。
「生徒のことを、自分の将棋の駒としか考えてない先生だね」って言ってた。
わたしは結局、使えない部員だったんだ。
みんなの分、必勝お守り作るからね、次の大会、がんばって！

生徒の呼び方には、差をつけない

ルール18

046

生徒の呼び方には？

先生に嫌われてる？　ひいきされてる？　誤解のもとになるんです

宮澤くーん
大平くーん
細川くーん
あと安倍！
それから橋本くんも！

オレだけ呼び捨て？！！

Report 18

小4女子
担任の先生への手紙

先生、わたしのことを、かなっぺってよぶのは
やめてほしいです。
昨日、まりあちゃんたちに、
「かなちゃんだけ、あだなでよばれていいね、
かなちゃんが、先生に、かなっぺってよんでって
たのんだの？」って聞かれました。
わたしが、かなっぺなら、
まりあちゃんたちも、あだ名でよんでください。
お願いします。

ルール19

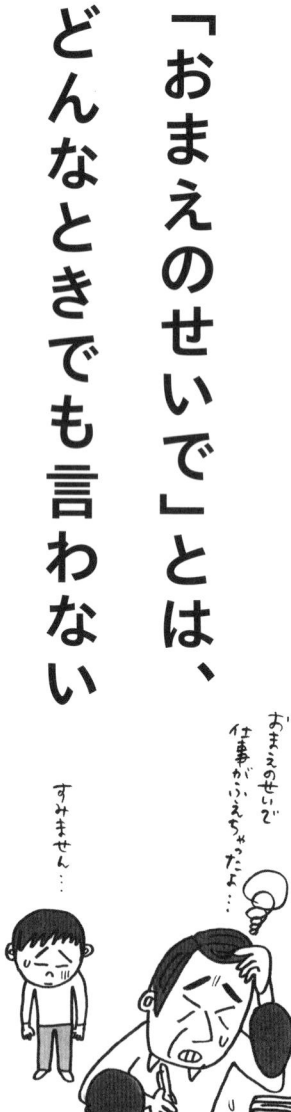

「おまえのせいで」とは、どんなときでも言わない

048 「おまえのせいで」？

> ぼくってクラスの邪魔者？ そんな気持ちを生徒に抱かせないで

おまえのせいで仕事がふえちゃったよ…

すみません…

Report 19

中1～中3男女　教室で

先生 「橋本、おまえ、問4の答え、全滅だったな。ここは、テスト前にワークで何度もやったとこだよな。おまえのせいで、このクラスの平均点下がったんだぞ」

生徒 「すみません」

先生 「西条、ちょっと来い。おまえ、体育館シューズ、ずっと持ってきてないんだってな。おまえのせいで、先生も、体育の山下先生に皮肉言われたんだぞ」

生徒 「……」

先生 「おまえのせいで先生は仕事が増えて、昨日眠れなかったんだぞ」

生徒 「すみません」

ルール20 「上級生に目をつけられる」から？

「上級生に目をつけられるぞ」と、おどさない

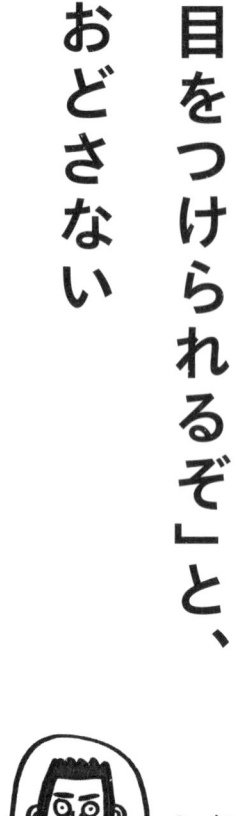

> 上級生や怖い先生をダシにして叱らないで

(イラスト内テキスト)
- こんなくつじゃ、
- 馬場先生におこられますよ。
- 3年生ににらまれますよ。

Report 20

中1男子　学年集会

先生	「通学シューズは、基本的に白！　多少色のついたものは認めますが、1年のうちから、そんなの履いてきてたら、3年生に目をつけられるからな！」
生徒たち、ひそひそ話。	
田淵	「じゃあ、3年に見つからなきゃ、履いてきていいってこと？」
佐々木	「だねー。3年になったら、ハメ外していいってこと？」
内山	「3年の山口さん、けっこうハデ目のシューズ履いてきてるけど、何も言われないらしいぜ」
佐々木	「規則、規則って言うけどさ、規則に学年とか、関係なくね？」
田淵	「先生たちも3年には甘いよな。だめならだめって、学年関係なしにはっきりしてくんないと、わけわかんないよな」
佐々木	「それにさ、目をつけられるぞ、とか、おどすような言い方するなっつぅの」

ルール21 この問題は出来てあたりまえ?

「この問題は、出来てあたりまえ」と、軽く流さないで

【先生ドリル】
● 第三問
基本問題のみ正解の生徒にはどうコメントしますか?

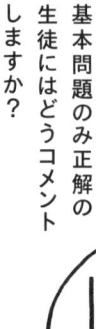

基本問題でも、出来たことを認められたい生徒はいるんです

Report 21

小6男子　算数の授業

練習問題のプリントをやって、答え合わせ中。

先生　「はい、問7の答えは、時速40キロメートル。できた人？」

8割くらいの生徒が手を挙げている。

一番前の席の男子生徒も、うれしそうに手を挙げる。

生徒　「先生！　ぼくも出来た！」

自分のノートを先生に見てもらいたい様子で、

少し前に差し出す。

先生　「この問題は、出来てあたりまえだな。はい、次、問8は？」

生徒　「がんばって解いて、やっと出来て、うれしかったのに、あんまりほめてもらえないんだ……」

ルール22 授業に遅れたら?

授業に遅れたら、まず、理由を説明してほしい

そのひと言があると、先生のことを大人として尊敬できます

ごめんね〜
おまたせ!

Report 22

中1男女　休み時間に廊下で

女子　「何それ、体操服にボールのあと、ついてるじゃん」

男子　「体育のとき、大久保先生にぶつけられた。先生15分くらい遅れてきたんだよ。そしたら、準備体操くらいして待ってろって、いきなりキレて、ボール投げつけてさ、オレに当たったんだ」

女子　「何それー、ひどいね」

男子　「準備体操なんかとっくに終わってさ、それでもなかなか先生がこないから、体育係が呼びに行こうかって話してるとこだったんだよ」

女子　「うちらも、英語で、新田先生遅れてきたけど、緊急職員会議で遅れましたーって言って、ごめんねー、お待たせーって感じできたよ」

男子　「新田先生のほうが若いけど、大久保よりオトナだよな」

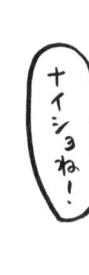

ルール23 なん人かにだけ?

なん人かにだけ、ものをあげたりしない

> もらったほうも、困ることがあるんです

「ナイショね!」

Report 23

小4女子　帰り道

クラス副担任の若い女の先生から、旅行のお土産にキーホルダーをもらったふたり。
かわいいキャラクターものなので、最初は喜んでいたふたりも、先生の「あとふたつは、咲子ちゃんと麻衣ちゃんに渡してね。ほかの人にはナイショね」という言葉に、ちょっぴりめんどうくさくなってきている。

かな　「うれしいけど、ちょっとびみょう」
あや　「うん。びみょうだよね」
かな　「咲子ちゃんたちにいつ渡す？　学校じゃムリだよね」
あや　「うん。ぜったい、まりあちゃんたちに見つかりそうじゃない？」
かな　「見つかったらなんて言えばいいかな」
あや　「どうして、わたしたち4人にくれたんだろ？」
かな　「わかんない」

男子と女子で態度を変えない

ルール 24 男子と女子で態度を？

異性の生徒に甘い先生って、ちょっと、嫌な感じです

Report 24

小6の母親たち
授業参観の帰り

母①「太田先生はひいきするって、うちの子言ってたけど、あんまり感じなかったね」

母②「そう？ 三浦くんが発表するとき、すっごくニコニコして見てたじゃない？ とにかく男子には甘いらしいよ」

母③「三浦くんや杉山くんは、ジャニーズ系だし、けっこう何しても怒られないって、うちの子も言ってたよ」

母①「えー、そうなんだ。そこまでは、うちは話してなかったかなあ」

母③「6年にもなると、女の子って、敏感じゃない？ 女のカンって言うか。うちの美咲なんか、先生が無意識に男子に甘いようなところ、ズバッと見抜いて言ってるわよ。掃除のときに男子がさぼってても、一緒になって雑談するくせに、女子には小言がすごいんだって」

母②「うちも上の子が男でしょ。だからわかるけど、5、6年くらいって、女の子はナマイキだし、男の子のほうが断然かわいいのよね。気持ちはわかるけど、そこまであからさまだとね。先生も自分で気づいてくれればいいのに」

保健室に行きたいという生徒を疑わない

ルール25 保健室に行きたいという生徒を?

体や心がつらいとき、信用されないと、ますます教室にもどりたくなくなります

Report 25

中1女子　国語の授業

先生　「じゃあ、今日は、予告しておいたテストから始めます。筆箱以外はしまってください。漢字５０問ね。４０点以上を合格にします」

生徒　「あの、先生。気持ち悪くて……」

先生　「なんだ？」

生徒　「保健室行きたいです」

先生　「顔色もべつに悪くないぞ。テストだから気持ち悪いのか？　おまえ、今日テニス部の朝練もやってたよな」

生徒　「１時間目が始まってから体調が……」

先生　「とりあえずテストやって。それからにしなさい」

生徒は、答案を５割ほど埋め、それから保健室へ。

保健室に行く途中の廊下で、もどしてしまう。

ルール26 「家の人に電話する」?

すぐに「家の人に電話するぞ」と言わないで!

ぼくたちの「家の人」も、いろいろなんです

Report 26

小5男子　放課後、校門で

男子生徒が、ひとりで小石を蹴っていて、通りかかった教育実習の先生が声をかける。

先生　「どうしたの？　帰らないの？」
生徒　「帰らない。教頭先生が、家の人に電話するって言ったから」
先生　「どういうこと？」
生徒　「廊下を走ってたら怒られて、言うこと聞かないなら家に電話するって。うちのじいちゃんにたたかれるから帰らない」
先生　「そうか。じいちゃんきびしいんだね。でも家に帰らないとみんな心配するよ」

実習生、その日のブログで。
子どもが何か悪いことをしたとき、「家の人」を持ち出してやめさせようとするのではなく、なぜ、そのことが悪いことなのか、きちんと諭して叱れる先生になりたい。家の人、と、ひと口に言っても、今の子どもの家庭環境は、きっといろいろあって、子どものストレスになることもあるんだなあ、と思う。

ルール 27 叱りにくい子にも?

「叱りにくい子」にも、悪いことは悪いときちんと叱る

先生にとって叱りやすい子ばかり叱っていませんか?

見なかったことにしよう…

はっ!!

Report 27

中1男子　放課後の教室

男子数人が黒板にポップアート風の落書きをしている。

先生　　「こら、佐々木！　田渕！　何やってるんだ」

佐々木　「けっこう、芸術してませんか？　これ」

先生　　「なにが芸術だ！　黒板に落書きするんじゃない」

田渕　　「いや、ちゃんと消しますから。それに、先生、この前、仙道たちが描いてたときは、笑って見てたじゃないすか？」

先生　　「グダグダ言うな、おまえの気のせいだ。仙道たちもちゃんと叱った」

佐々木　「はーい、すいませーん。
　　　　キレイに消して帰りますから」

田渕　　「同じようなことしても、絶対、怒られないやつっているよな。仙道とか花坂とか青木とか」

佐々木　「仙道の父ちゃんは、二中の先生だろ。青木んちは、ＰＴＡの会長だろ、花坂は逆ギレすると手がつけらんないし。仙道とか自分が何やっても叱られないってわかってるから、陰で弱い者いじめしてんだよ」

ルール **28**

生徒の前で弱音を?

生徒の前では、弱音をはかない

> こんなこと言われても、ぼくたち困ります

先生はこの仕事に向いていないかも…

し〜〜ん…

Report 28

中3女子　携帯(けいたい)サイト内日記

自分は教師に向いていない。

そんなことをわたしたちの前で言ってしまう先生は、

かわいそうだと思う。

うちのクラスは問題ばっかり起きて、

先生も疲れてるみたいだし、

昨日も校長先生に小言を言われていた。

でも、自分で向いていないって思ってる人に教わったり

進路指導を受けてるわたしたちのほうが、もっと、

かわいそうだと思う。

先生も、自分で選んだ職業なんだから、

もっと胸を張ってがんばってほしい。

昼休みも、すぐに職員室にもどらないで、

たまには教室にいたらいいのに。

男子の勝ち抜きコントショーとか、バカバカしいけど、

見てると、いい気分転換(てんかん)になると思うけど。

困った顔、難しい顔、暗い顔ばっかりしてないで、

たまには、笑顔で教室に入ってきて。

ルール29 なぜ勉強しなければいけないのか?

なぜ子どもは勉強しなければいけないのか、自分の考えをきちんと生徒に言える先生になろう

一般論じゃなくて、先生自身の考えが聞きたいんです

私はこう思います!!

Report 29

２００字でまとめておこう

なぜ、子どもたちは勉強しなければいけないのか、
わたしは、こう思います。

生徒のためには、校長先生にも抗議する

ルール30 生徒のためには？

そんな先生、大好き！ 尊敬します！

Report 30

職員室で

先生 「校長、今年の運動会、応援団はやらないというのは、決定ですか?」

校長 「そう言いましたよ。朝会で。去年もおととしも、応援団がらみで、トラブル多かったですからね。応援団も応援合戦も、今年はナシでいきましょう」

先生 「しかし、それは、結論を急ぎすぎではないですか? ３年生にとってはいちばん楽しみにしていることですよ。不完全燃焼の運動会になってしまいます」

校長 「ほかの競技に力を注げばいいじゃないですか?」

先生 「教師にとっては、応援合戦も他の競技と同じでしょうが、子どもたちにとっては、特別なものなんですよ。トラブルを避けるために中止にするのが真の教育ですか? トラブルを起こさないように生徒たちに考えさせながら、成功に導くのが教育ではないんですか」

校長 「理想論を持ち出されてもねぇ」

先生 「とにかく、もう一度、ちゃんと生徒たちと対話をして、向き合って、話し合って決めていきましょう。お願いします」

名作に学ぶ、先生のための日常会話集

■漫画【井上雄彦『スラムダンク』集英社】
湘北高校バスケ部顧問安西先生から、
部員の元不良、三井寿へ

「三井くん、君がいて、よかった」

三井は、中学校ではバスケ部のエース。県のMVP選手だった。
高校でも期待されていた三井だったが、膝の故障から不本意な引退。
その挫折感を乗り越えられず、不良グループの中心的存在となっていく。
自分がなくしたものを持っているバスケ部の連中が気に入らない。
バスケ部を潰そうと、三井は体育館で乱闘騒ぎを起こす。
そしてあらためて自分の気持ちに気づく。

「バスケがやりたいんです」

三井は、顧問の安西先生に頭を下げる。
何も言わず、黙って受け入れた安西先生。
そして県大会で強豪校との対戦。
ブランクが長い分、体力がない三井。
意識が遠のくほどフラフラになりながらも勝利に貢献する活躍をする。
後半残り2分半、倒れ込むようにコートを離れベンチに下がった三井に、
安西先生がかけた言葉だ。

■児童小説【ロアルド・ダール『マチルダは小さな大天才』 評論社】

低学年クラスの若い担任ミス・ハニーから
校長 ミス・トランブルへ

「でも、ああいうやり方って、子どもたちに一生消えないダメージを与えるんじゃないでしょうか」

世の中には、二通りのダメな親がいる。
自分の子どもが、どうしようもない不愉快な子でも、いい子で天才だと思い込んで譲らない親。
自分の子どもが豊かな才能を持っていても、興味も愛情も、まったく示さない親。
作者ダールは、ユーモアたっぷりに、困った親たちへの皮肉から物語を始める。
天才少女マチルダは、後者タイプの親の元で育ち、小学校に入り、やっと自分の居場所を見つけたと思ったら、そこを牛耳っていたのは、「子どもは体罰でしか教育できない」と思い込んでいる校長だった。
つづりができないと耳をつねり、計算を間違えると髪の毛をひっぱる。
そんな校長へ、ただひとり、このセリフで異議を唱えるミス・ハニーは、マチルダの才能を認めながら、「友情」を育んでいく。
マチルダも、ミス・ハニーという理解者を得て、物語のラストでは、高圧的な大人たちへの痛快な「仕返し」をたくらんでいく！

■小説 【村上龍『69 sixty nine（シクスティナイン）』集英社 】

担任マツナガから
無期自宅謹慎中の高校生ケンとアマダへ

「元気でやってるか
あまりイライラするなよ」

舞台は、1969年、九州の西の端、基地の町。村上龍の自伝的物語だ。フェスティバルの感覚で、女の子にもてたい気持ちで、主人公のケンは、友人のアマダたち数名と一緒に高校をバリケード封鎖する。校舎にペンキで落書きをしまくり、校長室の机にウ〇〇をし、

屋上からは「想像力が権力を奪う」と書いた垂れ幕を下げ、屋上への入り口をバリケード封鎖した。

結局、ケンたちの犯行であることはバレてしまい、無期限の自宅謹慎処分になる。

ケンは、教師たちからみれば、かなり生意気で扱いにくい生徒であり、教師たちは、ケンに言わせれば、力づくで生徒を抑えつけながら、「人間を家畜へと変える仕事を飽きずに続ける退屈の象徴（あとがきより）」だった。

そんな中、謹慎中、ケンの担任マツナガへの見方が変わる。

病弱で無口で穏やかな、ただの退屈な教師のマツナガが、119日の謹慎中、夏休みは、ほとんど毎日、補習や授業の後に、坂道と階段を延々と登らなければならないケンの家を訪ねてくるのだ。

バスを乗り継いで行かなければならないアマダの実家にも。

特になにかを説教するわけでもなく、ただ生徒の話を聞き、庭のひまわりをほめ、「元気でやってるか」と言うためだけに通ってくる。

いつのまにか、ケンの心から担任への軽蔑の気持ちが消えていた。

■自伝 【水木しげる『のんのんばあとオレ』筑摩書房】

書道の先生から
小学校高学年のゲゲ少年へ

「これはなかなかいい考えだ」

ゲゲ少年がほめられた考えは、
書道の時間に半紙に筆で描いていた「自作ギターの設計図」だ。
父親が土産に買ってきた木箱入りのブドウ。
この木箱を使ってギターを作ってみよう!

ひらめいたら、ゲゲ少年は止まらない。

次の日、書道の時間にも、先生が後ろに立っているのにも気づかず、夢中になって設計図を描いていた。

あ、叱られる！　そう思ったとき、先生の口から出たのがこの言葉だ。

さらに「ギターの弦は何で作るの」と、やさしく質問してくる。

ギターは見事完成し、ゲゲ少年は数ヵ月間、弾いて遊んで楽しんだ。

ガキ大将という公職（自称）、他のグループとの攻防戦、のんのんばあに聞く妖怪の話、イタズラ、漫画、思いつくままの創作……。

興味のあること、楽しいことが多すぎて、勉強どころではなかった、という水木しげるの少年時代。

学校へは毎日遅刻、授業中もうわのそら。

悪いことをすれば、当然、廊下に立たされるし、げんこつで殴られる。

でも、型にはまらない自由奔放な生き方自体を、頭ごなしに否定したり、矯正しようとしたりする教師は、ゲゲ少年のまわりにはいなかったようだ。

そして、子ども時代をたっぷり堪能したゲゲ少年は、漫画家として成功していく。

■小説 【重松清『あおげば尊し』 新潮社『卒業』に収録】
38年間も高校の教壇に立ち最後は校長として退職した父から
小学校教師になった息子へ

「生徒がおとなになってから振り返って
『ああ、あの先生は
いい先生だったんだな』
と思わせなきゃいけないんだ」

息子の目からみた、教師としての父親は、厳しくて冷たい教師だった。
生徒を枠にはめ、管理し、成績や素行のよくない生徒は容赦なく切り捨てた。
数え切れないほどの生徒を、留年させ、停学処分や退学処分にしてきた。
父親の持論は、こうだった。

自由と非常識を混同させるな。生徒を愛することと甘やかすことを混同するな。
子どもは未完成な人間だ。未完成な人間に「いい先生」と呼ばれても意味がない。
目先の人気や評価に気を取られていると、教師として大切なものを見失う。
生徒が大人になって初めて、いい先生だったんだな、と気づいてくれればいい。

そして、末期癌で寝たきりになった父を介護しながら、息子は思う。
父は自分の教師人生に誇りを持っているが、
教え子たちは、大人になって、どう思っているのだろう。
卒業後、自宅を訪ねて遊びにきた教え子はひとりもいない。
3ヵ月も入院しているのに、見舞いにきた教え子も、ひとりもいないのだ。
父の葬儀に参列してくれる教え子は、いるのだろうか。

■漫画【一色まこと『花田少年史』講談社】

合田そろばん塾のゴンパチこと合田先生から主人公、一路少年の両親へ。

「いい大人が
そろいもそろって恥を知れ！」

交通事故がきっかけで、成仏できない幽霊たちが見えるようになった一路少年の物語。彼らの相談にのり、成仏するための手伝いをするようになり、やんちゃな悪ガキ、一路は、親に食べ物でつられて、そろばん塾に入れられる。

小学校教師を長年勤め上げ、周囲からは「孤独な堅物」と思われている、ひとり暮らしの合田老人が開いた塾だ。

くつの脱ぎ方から言葉づかいまで、行儀作法に厳しい先生の塾には、「親の代わりに躾をしてくれる」と、行儀見習のつもりで子どもを入れる親が多い。

一路の両親も、「塾へ行った日の夕食は、一路の好きなメニュー」を交換条件に、一路を塾へ通わせる。

その交換条件のことを知った合田先生は、一路の親を、「子どもと取引するなんてもってのほかだ」と、たしなめる。

ヘラヘラと笑ってごまかそうとする親たちに、「ヘラヘラヘラごまかし笑いなどしおって⋯⋯」と、一喝するのが、このセリフだ。

その後、合田先生は、ひょんなことから命を落としてしまう。

そしてなぜか成仏できないでいた。なぜ成仏できないのか？

その理由を探すために、合田先生と一路は数日間を一緒に過ごすことになる。

大人の威厳とは？　人を愛する才能とは？

一路は、いろんなことを合田先生から学んでいく。

■小説 【妹尾河童『少年H』講談社】

中学校の英語教師、松本先生から
最初の授業で新入生へ

「諸君に望みたいことは、
"小利口な人間になるより、
大馬鹿者になれ"
ということだ」

戦時色が次第に色濃くなる小学校の低学年時代から、中学校の校庭で聞いたポツダム宣言受諾の玉音放送、そして戦後まで。

家族や友だちとの関わりや、大人たちの姿を、澄んだ少年の目を通して描いた妹尾河童の自伝的小説。
敗戦という大きな変化の中で、自分が生徒へ教えてきたことと全く逆のことを言わなければならなくなって狼狽する教師もいたし、敗戦でも自分の教育方針は変わらないぞ、ということを誇示するためにいっそう体罰を加える教師もいた。
もちろん戦前戦後を通して、変わらない大きな視点で生徒を導いてくれる教師もいた。
英語の松本先生もそのひとりだった。戦中、学校の廊下にも、「鬼畜米英・撃ちてしやまん」のポスターが貼られるようになると、生徒たちは英語の授業もなくなるのではないか、と心配し始める。
そんな生徒に松本先生は、
「敵国性文化ということで何でも破棄してしまうのは、よくない風潮だ。最後の一時間までぼくは英語を教えてあげたいと思ってる」と語りかける。
少年Hは、ますます松本先生が好きになったのだった。

■漫画【森本梢子『ごくせん』集英社】

私立白金学院高等学校2年4組担任、新米教師のヤンクミこと山口先生から教頭先生へ

「いいですとも
全責任は、担任の
この私がとります」

任侠集団、黒田一家三代目組長の孫娘、山口久美子が選んだ職業は、教師だった。

教師になることを決意したのは、高校生のとき。
外見だけで判断し、生徒の本当の姿を理解しようとしない教師に怒りを燃やし、
「あたし　先生になる！　そんなはみ出した奴のための先生になるよ！」と誓ったのだ。
新米教師としての赴任先は、不良とつっぱりだらけの男子校。
文化祭の準備が始まると、クラスの一部で「ホストクラブ」の企画が出る。
生徒たちの動きを見守っていたヤンクミは、教頭から釘を刺される。
高校の文化祭でホストクラブはいかがなものか。
パンフレットは理事会や後援会にも送るのに。非常識だ、云々……。
生徒が珍しくやる気になっているので見守りたいというヤンクミに、
教頭は「何が起こっても私は一切責任は持ちませんよ」と本音をもらす。
その言葉にヤンクミが返したセリフが、コレだ。
そのふたりのやりとりを立ち聞きした生徒は、
「いい根性してっじゃねーか！」と軽い感動を覚え、ヤンクミの気持ちに応えようと、
ホストクラブでこっそりアルコールを出そうとしていた計画を、
自主的に修正し始める。

■小説 【壺井栄『二十四の瞳』 講談社、新潮社ほか】

昭和初期、瀬戸内海の島の小学校で、
大石先生から
生徒のコトヱへ

「ざんねんですね」

小石先生、なきみそ先生、と島の子どもたちに慕われた大石先生だが、長い教師生活の中で、特に、生徒の胸を打つような名言を残しているわけではない。ただ、子どもたちとの会話のひとつひとつが、彼らの暮らしぶりや心情をていねいにくみ取って、その気持ちに寄り添うように語られる。